La Confirmation
Force et responsabilité

DANS LA COLLECTION « LES SACREMENTS »
par Anselm Grün

– Le Baptême, célébration de la vie, 2003
– L'Eucharistie, transformation et communion, 2002 (2e édition).
– La Réconciliation, avec soi-même et avec les autres, 2002 (2e édition).
– L'Onction des malades, tendresse et réconfort (à paraître).
– L'Ordre, la vie sacerdotale (à paraître).
– Le Mariage, bénédiction pour la vie commune, 2003.

DU MÊME AUTEUR
chez Médiaspaul

Prière et connaissance de soi, 1996 (3e édition).
Prière et rencontre, 1996 (épuisé).
Le jeûne. Prier avec le corps et l'esprit, 1997 (3e édition).
La crise du milieu de la vie. Une approche spirituelle, 1998 (7e édition).
Les rêves et la vie spirituelle, 1999 (2e édition).
La santé, un défi spirituel (en collaboration avec Meinrad Dufner), 2000 (3e édition).
Chemins de liberté, 2000 (2e édition).
Des repères pour vivre : les fêtes mariales (en collaboration avec Petra Reitz), 2001.
Libérer la vie. Le chrétien et le défi de la mort, 2001 (2e édition).
Lecture psychanalytique de la Bible, 2001 (2e édition).

Anselm Grün

LA CONFIRMATION

Force et responsabilité

Traduit de l'allemand par

Annick Lalucq

MÉDIASPAUL

L'original de cet ouvrage a paru aux Éditions *Vier-Türme-Verlag* de Münsterschwarzach (Allemagne), sous le titre : *Die Firmung - Verantwortung und Kraft*.

Deuxième édition, 2004

Pour la France :

Médiaspaul Éditions, 48 rue du Four, 75006 Paris
ISBN 2-7122-0848-X

Pour le Canada :

Médiaspaul, 3965, boulevard Henri-Bourassa Est
Montréal, QC, H1H 1L1

Maquette de la couverture : *Diane Lanteigne*

Imprimé en France

Introduction

Aucun sacrement ne laisse aujourd'hui chez les croyants autant de perplexité et de malaise que la Confirmation. De nombreuses paroisses font l'expérience de la difficulté à motiver les jeunes pour ce sacrement, dont filles et garçons se demandent ce qu'il peut bien leur apporter. Si, quand ils font leur première communion, ils ont encore une idée du sens de ce sacrement, ce n'est pas le cas lors de la Confirmation. Beaucoup de personnes impliquées dans sa préparation ont bien du mal à expliquer aux jeunes ce que recouvre exactement le terme « confirmation ».

Ce n'est pas d'aujourd'hui que, dans les paroisses, on discute de l'âge auquel il faudrait recevoir ce sacrement. L'attitude adoptée par les communautés, aussi bien que par les théologiens en pastorale, témoigne d'une compréhension chaque fois différente de la Confirmation. Les uns voient en elle l'accomplissement du Baptême. D'après eux, on pourrait même administrer la Confirmation avant la première communion, comme ce fut longtemps l'habitude. Les autres considèrent la Confirmation comme un « sacrement-seuil », un « rite de passage » entre l'enfance et l'âge adulte ou encore comme le « sacrement de la majorité », celui de l'épanouissement chrétien, de la responsabilité, de l'intégration dans l'Église et de l'envoi dans le monde. Si on interprète la Confirmation comme rite d'initiation ou de passage à l'âge adulte, les jeunes peuvent la recevoir entre 14 et 18 ans. En mars 2000, un colloque de pastorale ne put que constater la diversité des manières de préparer les jeunes à la Confirmation et la disparité des points de vue sur l'âge auquel l'administrer. Partout, les responsables paroissiaux développent beaucoup d'imagination et de créativité pour motiver les jeunes et susciter leur intérêt pour le mystère de ce sacrement. Ici, l'animateur de pastorale invite les jeunes filles et les jeunes gens à une conversation d'une heure sur la foi. Ailleurs, on organise un camp expérimental. Manifestement, il n'y a pas de recette patentée ; en fait, tout repose sur la force de persuasion de ceux qui accompagnent les jeunes pendant la préparation au sacrement[1].

Dans ce livre, mon propos ne sera pas de faire de la publicité pour tel ou tel modèle de préparation à la Confirmation. Je m'adresserai surtout aux parents des confirmands pour les inviter à réfléchir avec moi sur ce sacrement, à se demander ce qu'il signifie pour eux aujourd'hui, et s'ils peuvent en vivre ; je voudrais aussi les encourager à en parler avec leurs enfants. Je m'adresse également aux hommes et aux femmes qui accompagnent les jeunes sur le chemin de la Confirmation, aux aumôniers, aux animateurs de pastorale qui instruisent les confirmands et préparent avec eux le déroulement de la cérémonie. Il est bon qu'ils soient encouragés à bien mettre au point le rituel, de sorte que le sens du sacrement soit clair et que les personnes en soient touchées dans leur cœur.

1. Cf. Colloque « Le Christ au présent » du 19 mars 2000, p. 94.

Certes, tous les chrétiens sont confirmés mais peu d'entre eux réfléchissent à ce que cela signifie pour eux. Comment puis-je vivre aujourd'hui du sacrement de ma Confirmation ? Ce sacrement me dit-il quelque chose, ou bien pourrais-je tout aussi bien vivre en chrétien sans lui ? Si la Confirmation est le sacrement de la mission, quelle est donc ma mission aujourd'hui ? Ai-je une mission ? Ou bien suffit-il de m'en tenir, en tant que chrétien, aux commandements de Dieu ? Quel est l'apport particulier de la Confirmation ? Je voudrais réfléchir ici sur la façon dont on peut vivre de sa Confirmation, et comment elle peut être pour chacun de nous une réalité qui imprègne sa vie.

I. LA CONFIRMATION : UNE INITIATION

Une initiation à l'art de vivre

La Confirmation est par excellence le sacrement de l'initiation. Des rites de passage ou d'initiation existent dans toutes les cultures. La plupart des peuples les ont placés au commencement de la vie adulte. A l'âge de la puberté, les jeunes sont soumis à toute une série d'épreuves à caractère particulièrement théâtral. Ils sont séparés de leurs mères, conduits dans la forêt, où ils restent isolés. Dans certaines tribus australiennes, il est d'usage de casser une dent aux adolescents, signifiant ainsi qu'ils meurent en tant qu'enfants et naissent à la vie d'adulte. Parfois, on les enduit d'argile pour leur donner un aspect fantomatique. Chez certains peuples, ils sont circoncis, et on leur retire du sang. Ils sont confinés dans des huttes au fond de la brousse et doivent y passer quelques jours sans manger. Ces cabanes représentent le dragon qui engloutit les jeunes gens pour qu'ils puissent renaître à travers la mort. On peut aussi considérer cet isolement comme un retour dans le sein maternel, avant de renaître.

En lisant mon manuscrit, un jeune Berlinois qui se préparait à la Confirmation s'intéressa particulièrement à ces rites d'initiation et voulut savoir exactement ce qu'il en était de la tape sur la joue qu'on donnait autrefois lors de la cérémonie. Il pensait que la Confirmation devait être quelque chose d'ennuyeux, sans rien de bien excitant. Manifestement, il espérait trouver à la tape sur la joue une parenté avec ces rituels d'initiation, souvent très exigeants et douloureux. Effectivement, le geste symbolique rappelle ces rites. On sait qu'en Europe, au Moyen Age, il était d'usage, lors d'un acte juridique comme, par exemple, le déplacement d'une borne fixant les limites d'une terre, d'emmener de jeunes garçons à cet endroit et de les y rouer de coups, de sorte qu'ils se rappellent encore, des années plus tard, de l'emplacement exact de cette borne. De même, la gifle devait aider le confirmé à se souvenir qu'il a reçu le don de l'Esprit Saint et combien ce don est important. Parce que l'Esprit de Dieu est inconcevable, qu'il est une réalité plus prégnante que les mots, l'évocation du don de l'Esprit exigeait qu'on l'accompagne d'une expérience sensible. Aussi, le théologien Durand de Mende († 1296) justifiait-il la gifle parce qu'elle « permettait d'autant plus au confirmand de se rappeler qu'il avait reçu ce sacrement »[2]. Cette symbolique est également présente dans un autre rite ancien de la Confirmation : le parrain devait marcher sur le pied du confirmand. Probablement ce souvenir douloureux devait-il maintenir éveillée la conscience d'avoir reçu le sacrement, et par à d'avoir en soi un autre esprit que celui de la banalité quotidienne. Ces usages anciens, qui rappellent les rites d' nitiation de certains peuples, évoquent l'âpreté du chemin à parcourir pour devenir un adulte et la difficulté de soutenir en soi la tension entre son propre esprit et l'Esprit Saint.

---

2. Theodor SCHNITZLER, *Was die Sakramente bedeuten. Hilfen zu einer neuen Erfahrung* (Ce que signifient les sacrements. Éléments pour une expérience nouvelle), Freiburg, 1982, p. 103.

La question est de savoir comment, aujourd'hui, donner à la Confirmation et à la préparation à ce sacrement la forme d'une initiation à l'âge adulte. Réintroduire purement et simplement la tape sur la joue, supprimée après le concile Vatican II, n'aurait aucun sens puisque ce geste rituel ne serait qu'un reliquat du passé, sans signification réelle. Mais les deux rites dont j'ai parlé révèlent qu'il ne faut pas être trop prudents ou trop craintifs avec les jeunes. Nous avons absolument le droit de leur lancer des défis, ce qu'ils réclament d'ailleurs. J'ai pu le constater tout au long des vingt-cinq années pendant lesquelles j'ai travaillé avec eux.

Par exemple, pendant un camp préparatoire à la Confirmation, nous avons encouragé les jeunes élèves à se lever dès 5h 15 du matin. Eh bien ! ils se sont effectivement levés à cette heure et ont trouvé cela prodigieusement intéressant. L'expérience du camp à la montagne nous a convaincus que ce pouvait être un assez bon moyen de préparer à la Confirmation.

On ne peut que regretter l'absence de rites d'initiation pour les jeunes d'aujourd'hui. Ils s'accommodent de ce manque en prenant du haschich ou en empruntant la voiture de leur père pour se lancer sur les routes à 180 km/h. Ce sont là, en fait, des rites de substitution, parce que nous ne leur proposons plus des rites de passage adaptés. L'intérêt de cette tranche d'âge pour les pratiques occultes révèle justement une lacune en ce domaine. C'est une invitation pour l'Église à réfléchir sur la façon de remédier à ce déficit.

Les sociologues parlent aujourd'hui d'une « société de l'expérience » (G. Schulze). « Vis ta vie ! » : voilà le mot d'ordre de nombreux jeunes[3]. La Confirmation devrait être considérée par l'Église comme une chance à saisir pour initier les jeunes à un art de vivre avec intensité, sans avoir toujours besoin de nouveaux stimulis pour se sentir vivants. Mais cette introduction à l'âge adulte devrait passer par des « expériences » fortes plutôt que par un discours trop prudent sur la vie. Certaines tentatives ont déjà été faites pour initier les confirmands à l'art de vivre, notamment par l'organisation de camps les réunissant pendant la période de préparation au sacrement. Mais il serait important que là aussi, les jeunes soient provoqués, que ce soit à se lever tôt ou à s'initier à la méditation.

Il n'est pas facile, à leur âge, de rester assis en silence, et de s'exercer à la maîtrise de soi. L'accession à la maturité exige pourtant d'apprendre à se connaître soi-même et à s'accepter dans le silence et la solitude. Une journée au désert, précisément lors d'un de ces camps, les marquera sans doute durablement. Ce jour-là, on exige de chacun qu'il ne compte que sur soi, qu'il se nourrisse exclusivement de produits sauvages trouvés dans la nature et qu'il ne parle à personne ; par ailleurs, on lui demande de faire sa route seul, de s'imposer des pauses régulières pendant lesquelles il est simplement présent à lui-même et attentif à tout ce qui l'entoure. Beaucoup de jeunes, aujourd'hui, ne sont plus en contact avec leur corps. Ils ont toujours besoin de stimulations extérieures pour avoir la sensation d'exister. D'où l'importance pour eux d'ou-

3. Voir Günter BIEMER, *Symbole des Glaubens leben. Symbole des Lebens glauben. Sakrament-Katechese als Lernprozess* (Vivre les symboles de la foi. Croire aux symboles de la vie. La catéchèse des sacrements comme processus d'apprentissage), Ostfildern, 1999.

vrir leurs sens et de regarder de leurs propres yeux la vie qui s'offre à eux dans la nature, de l'écouter, de la sentir, de la goûter et de la toucher.

L'hébergement à l'abbaye de groupes de confirmands venus pour quelques jours de préparation s'est révélé très fructueux. Quand des jeunes, par curiosité, participent au rythme de vie des moines, cela représente pour eux un défi important. Et pourtant, ils sont nombreux à souhaiter se laisser entraîner dans cette aventure. Et ils se lèvent vraiment à 5h moins 20 pour être présents à l'office des Laudes. Ils y voient des hommes essayer de vivre plus intensément leur foi dans le Christ. C'est une provocation pour leur expérience de chrétiens – souvent superficielle –, et cela suscite en eux des interrogations : comment peut-on vivre de cette façon ? Quel est le sens de la vie ? Qu'est-ce qui peut vraiment rendre les gens heureux ? Les lieux chargés de tradition spirituelle dégagent une force qui peut apporter beaucoup à ces groupes dans leur démarche de foi.

Un autre défi consiste à se faire une idée claire de sa propre identité : qui suis-je ? Suis-je seulement le fils ou la fille de mes parents ? Quelle est ma véritable identité ? Quelle image unique de Dieu veut se révéler en moi ? Qu'est-ce que je ressens ? Qu'est-ce que je pense quand je me tourne vers les autres ? Quel est le rêve de ma vie ? Qu'est-ce que je voudrais exprimer par ma vie ou changer dans ce monde ? Il est important aussi de bien percevoir quels sont les sentiments qui montent en nous quand nous sommes seuls, en nous demandant, par exemple : Comment est-ce que je « gère » ma solitude ? Ai-je l'impression d'exister seulement si d'autres personnes autour de moi m'approuvent ? Est-ce que je m'estime moi-même ? Est-ce que je réponds de moi ? Où en est ma confiance en moi ?

On pourrait aussi mettre en rapport le corps et l'estime de soi. J'ai souvent fait avec des jeunes l'expérience suivante : nous sommes debout, bien droits, les pieds écartés à la largeur des hanches, les bras ballants. Je dis alors quelques mots comme : « Je sais ce que je veux. J'ai de l'endurance. Je suis capable de supporter certaines choses. Je réponds de moi. » Les jeunes sentent bien si, dans cette attitude, il leur est possible ou non d'éprouver vraiment ce que je dis. Puis, nous prenons une posture étriquée, la tête enfoncée dans les épaules. Ils remarquent tout de suite qu'une telle tenue n'est pas compatible avec une certaine fierté. Enfin, nous nous campons, jambes écartées, un peu à la manière des cow-boys dans les westerns. Bien sûr, il s'agit d'une attitude excessive, par laquelle nous signifions que nous voulons nous imposer. Comme elle peut pourtant être facilement renversée !

Le mot « confirmation » vient du latin *firmare*, c'est-à-dire « fortifier, renforcer, rendre apte, redresser, donner de l'endurance, affermir ». La Confirmation voudrait fortifier le jeune dans sa foi et lui transmettre, par le Saint-Esprit, la ténacité qui lui permettra d'apprendre à être lui-même dans l'existence, à savoir ce qu'il veut et à vivre du souffle de l'Esprit Saint dans un monde souvent sans âme. Par le Baptême, nous sommes renés dans l'eau de l'Esprit Saint. Par la Confirmation, nous sommes fortifiés dans notre nouvelle existence, pour ne pas nous laisser conduire par l'esprit de ce monde, mais par l'Esprit de Dieu. Nous avons part à la force de l'Esprit, afin de ne pas donner prise au monde, mais de le modeler conformément à la volonté de Dieu.

Prendre des responsabilités

Si on comprend la Confirmation comme le sacrement du passage à l'âge adulte, le jeune ne devra plus se considérer seulement comme l'enfant de ses parents. En naissant à nouveau du Saint-Esprit, il doit trouver sa propre identité, se prendre en main et assumer sa vie. Il est de bon ton, aujourd'hui, de nier sa responsabilité vis-à-vis de sa propre existence. Ainsi, on incrimine ses parents si on estime ne pas avoir reçu suffisamment de confiance en soi, n'être pas assez doué ou ne pas réussir à maîtriser sa vie.

Le philosophe Pascal Bruckner considère cette infantilisation et cette victimisation comme les deux comportements dominants de notre époque. Beaucoup restent coincés dans l'attitude de l'enfant qui n'a que des attentes vis-à-vis des autres : sa mère, la société, l'Église. On reste infantile, on exige de l'attention, comme un enfant, on ne prend aucune responsabilité envers les autres : « Ils n'ont qu'à se prendre en charge. » Cette attitude va de pair avec la victimisation par laquelle on se campe dans un rôle de victime, imputant aux autres la responsabilité de ses malheurs. La faute est à mes parents si je suis dépressif et si je ne sais pas maîtriser ma vie. La responsabilité incombe à mes professeurs si je ne sais pas développer mes potentialités. L'Église est responsable si je n'ai aucune joie à croire. La société m'empêche d'exercer le métier de mes rêves. En restant bloqué dans cette attitude de victimisation, je refuse d'assumer ma vie. C'est parce qu'ils ne s'assument pas eux-mêmes que beaucoup, aujourd'hui, ne sont pas prêts non plus à prendre des responsabilités envers les autres, dans la société ou l'Église.

Pour devenir adulte, je dois prendre ma vie en main. Ce qui est décisif, ce n'est ni la manière dont je suis devenu ce que je suis, ni l'influence de mes parents et de mes maîtres sur mon éducation, mais ce que j'en ai fait. Je dois m'accepter tel que suis devenu et ensuite, assumer la responsabilité de ma vie. Sinon je resterai assis sur le banc des accusés, à désigner les fautes des autres. Ou bien je resterai muet dans le rôle du spectateur, qui se contente d'observer la vie qui passe, sans l'empoigner lui-même. C'est pourquoi, lors de la préparation à la Confirmation, il serait important d'exercer les jeunes à prendre des responsabilités dans différents domaines.

Ma première responsabilité est envers moi-même. Je suis responsable de mon épanouissement personnel, de mon aspect extérieur, de mon état d'esprit. Je le suis également de ma santé intérieure, de mon choix d'être malheureux ou de ma décision pour la vie. Je suis responsable des pensées qui m'occupent, du rangement de ma chambre et de l'utilisation intelligente de mon temps.

Quand mes nièces et mon neveu ont été confirmés, ma sœur a échangé avec eux sur la signification de cette responsabilité nouvelle vis-à-vis de la famille, donnée par la Confirmation. Ce jour-là, elle a remis à chaque enfant une clef de la maison, et chacun, à partir de ce jour, a assumé une tâche ménagère. Les jeunes ont donc compris que par leur Confirmation, leur rôle à l'intérieur du foyer avait changé. Cela n'a pas grand sens, si, tout en étant introduits dans le monde des adultes au sein de la communauté, les jeunes continuent à jouer le même rôle chez eux. Il serait donc intéressant que les parents saisissent cette occasion pour discuter des responsabilités que leurs fils et leurs filles assument désormais dans les rapports familiaux et pour échanger avec eux sur la signification de leur accession au rang d'adulte.

Les jeunes peuvent également s'exercer aux responsabilités dans le cadre du groupe de préparation à la Confirmation, en assumant une charge particulière dans ce groupe. Les jeunes pourraient ainsi apprendre à s'impliquer les uns envers les autres. Une telle démarche peut se faire également dans le cadre d'une classe de lycée ou au collège. Où sont les plus faibles qui ont besoin d'aide ? Certains sont-ils mis de côté, ou victimes de moqueries ? Y a-t-il des étrangers non intégrés dans la classe ? Chacun pourrait parrainer ainsi un élève ou l'autre.

De nouvelles potentialités

Le développement de nouvelles potentialités morales et spirituelles fait partie de cette renaissance dans le Saint-Esprit. Tout au long de l'Évangile de Luc, on voit Jésus aller son chemin et accomplir sa mission sous l'action puissante (la *dynamis*) de l'Esprit. Pour Luc, le baptême de Jésus, c'est l'envoi sur lui de l'Esprit Saint qui le conduit au désert où il est tenté par le démon. C'est là qu'il est initié à sa mission messianique. L'Évangile nous dit qu'après la tentation, *Jésus revint en Galilée, plein de la force de l'Esprit* (Lc 4, 14). Puis, dans la synagogue de Nazareth, il lit ce passage du prophète Isaïe : *L'Esprit du Seigneur est sur moi parce qu'il m'a consacré par l'onction. Il m'a envoyé pour prêcher la Bonne Nouvelle aux pauvres, proclamer aux captifs la délivrance, et aux aveugles le retour à la vue, mettre en liberté les opprimés, publier une année de grâce du Seigneur* (Lc 4, 18s).

Dans le sacrement de la Confirmation, le jeune reçoit le Saint-Esprit, afin de remplir sa mission dans le monde et dans l'Église. L'Esprit donne au confirmé la capacité d'adopter un comportement neuf et de développer de nouveaux talents. La démarche de préparation à la Confirmation exige que les jeunes réfléchissent à ce qu'ils veulent faire de leur vie et à la manière de se prendre en main. Il faudrait que chacun d'entre eux puisse découvrir son propre charisme : Quelles sont mes possibilités ? Qu'est-ce qui importe pour moi ? A quoi est-ce que je me sens appelé ? Quelle est ma mission ? La Confirmation voudrait éloigner le regard de l'adolescent de ses besoins personnels, de sorte qu'il ne demande pas sans cesse : « Qu'est-ce que ça m'apporte ? » mais qu'il dise plutôt : « Qu'est-ce que je peux apporter ? Dans quel but suis-je envoyé ? Quelle tâche m'attend ? » Ce changement de point de vue dans la façon de considérer les choses est bénéfique pour les jeunes. Il leur permet de ne plus se polariser sur eux-mêmes et les provoque à déployer leurs forces et à s'impliquer dans une tâche qui les fascine.

Appartient aussi à la Confirmation en tant que renforcement de la vie chrétienne l'initiation à une saine ascèse de vie. Celle-ci peut commencer par l'organisation intelligente de leur journée, par l'aménagement et le rangement de leur chambre. Elle les amènera aussi à se demander si, jusque-là, ils n'ont pas adopté des comportements répétitifs, se contentant de suivre purement et simplement de vieux modèles repris de leurs parents. En quoi ne font-ils que copier leurs parents ou leur idole et en quoi pensent-ils et agissent-ils de manière autonome ? Quelle marque personnelle voudraient-ils laisser autour d'eux ? Qu'est-ce qui est vrai pour eux ? L'ascèse n'étant pas autre chose qu'une initiation à la vie intérieure, ils peuvent s'interroger : En quoi est-ce que je suis dépendant de la consommation, de ce que pensent les autres, de leur approbation ? A quoi puis-je dire non ? Est-ce que je suis capable de renoncer à quelque chose, ou faut-il que je satisfasse impérieusement chacun de mes besoins sur-le-champ ? Quand on ne sait pas renoncer, on ne peut pas développer une personnalité forte.

L'Esprit nous donne de nouvelles capacités pour que nous les fassions servir au bien des hommes. Jésus comprend que par l'onction de l'Esprit de Dieu, il a reçu une charge et une mission dans le monde. Toute personne a une mission. Chacun peut accomplir en ce monde quelque chose qu'il est seul à pouvoir réaliser. Je peux découvrir ma mission en identifiant mes points forts et mes points faibles. Qu'est-ce que je sais bien faire ? Qu'est-ce que j'ai plaisir à créer, à transformer, à dynamiser ? Il serait bon de donner aux jeunes la certitude qu'au lieu de gémir sur la dureté du monde, ils peuvent non seulement prendre en main leur propre existence, mais aussi se saisir des problèmes contemporains et apporter leur contribution à la construction d'une société meilleure et plus humaine. Quelle contribution un groupe de confirmands pourrait-il apporter à l'assainissement de l'environnement de sa localité afin de la rendre plus hospitalière ? Quel projet les jeunes peuvent-ils entreprendre ensemble ? Cela peut concerner la protection de l'environnement, ou le déroulement de la célébration dominicale, ou encore l'assistance aux réfugiés, aux familles étrangères, aux personnes sans domicile fixe, ou aux ex-prisonniers. La forme que peut prendre la responsabilité des confirmés dans la paroisse dépend de la structure de la communauté. Dans l'une, ils s'occupent plutôt des personnes âgées et des malades, dans l'autre, des immigrés. Les uns aideront les plus jeunes à faire leurs devoirs, le soir à la maison, les autres s'impliqueront concrètement en faisant les courses ou le ménage. Quoi qu'il en soit, les jeunes, garçons et filles, ont besoin du soutien des adultes pour ne pas présumer de leurs forces dans leurs projets et ne pas se décourager à la première difficulté.

Mais il est tout aussi important que chacun puisse vivre son rêve. En Amérique du Sud, j'ai vu combien les jeunes regardaient l'avenir avec optimisme. Quoique les conditions d'existence soient là-bas bien plus désolantes qu'ici, en Europe ou en Amérique du Nord, les jeunes Sud-Américains ont l'impression qu'il vaut la peine de vivre, ils veulent participer à la construction d'un monde plus humain. Ici, on les sent parfois désabusés : « Rien n'a de sens. Le monde est aux mains des grandes multinationales ou de quelques groupes très influents. » Pourtant, il est important d'avoir la conviction qu'on apporte au monde une contribution unique, originale, et qu'on peut laisser dans l'univers et la société une trace qui changera durablement l'aspect de ce monde. Naturellement, ce ne sera qu'une toute petite trace. Mais si je commence à penser et à agir différemment, cela aura des répercussions. Si j'exprime simplement une idée, cela fera des vagues. Je ne suis pas seulement né dans ce monde, j'y suis aussi envoyé. J'ai une tâche, une mission. Aiguiser en chacun la conscience de sa mission, ne serait-ce pas la meilleure préparation à la Confirmation ?

II. LE RÉCIT DE LA PENTECÔTE CHEZ JEAN ET LUC

Recevoir le sacrement de Confirmation, c'est recevoir le don du Saint-Esprit. Mais comment se représenter le Saint-Esprit ? On le symbolise parfois par une colombe, ce qui n'est guère évocateur. Alors qu'on peut développer un lien personnel avec Jésus, ou avec Dieu le Père, l'Esprit Saint demeure, quant à lui, une réalité trop abstraite pour permettre de développer ce genre de rapport. Et pourtant, on peut faire l'expérience du Saint-Esprit comme d'une force qui nous entraîne, ou d'un amour qui nous envahit. Comment faut-il comprendre le Saint-Esprit ? Le mieux à faire est d'interroger les Évangiles. Je me limiterai à ceux de Jean et de Luc.

Le Saint-Esprit dans l'Évangile de Jean

Jean voit dans le Saint-Esprit l'esprit personnel de Jésus, que celui-ci nous transmet. Le soir de Pâques, Jésus souffle sur ses disciples et leur dit : « *Recevez l'Esprit Saint !* » (Jn 20, 22). Quand un enfant se blesse et que sa mère souffle sur sa blessure en lui disant : « Ça va aller mieux », c'est toujours son amour qu'elle veut lui insuffler concrètement. Nous pouvons nous représenter le souffle de Jésus de façon semblable. Il veut nous insuffler son amour, de sorte que nous le sentions physiquement, que nous le percevions dans chaque respiration.

L'amour, nous dit l'Évangile de Jean, est le don propre de Jésus. Et l'amour est identique au Saint-Esprit. Pour Jean, cet amour se déverse sur nous, jaillissant du cœur ouvert de Jésus, source de l'amour par excellence. Quand, sur la croix, le soldat transperce le côté de Jésus, du sang et de l'eau s'en écoulent, symbolisant l'Esprit Saint, cet amour qui vient du cœur de Jésus et s'épanche sur nous tous. Les hommes – comme Jean a pu en faire l'expérience – sont à peine capables d'aimer vraiment. Leur amour est toujours mêlé de possessivité, d'attentes et d'exigences réciproques. Jean conçoit le Saint-Esprit comme l'amour que Jésus nous insuffle, pour que nous ouvrions grand nos portes verrouillées (cf. Jn 20, 19) et que nous les ouvrions aux autres. Nous vivons souvent portes closes. Nous nous fermons aux personnes. Nous avons peur de laisser s'approcher l'autre, de crainte d'être blessés ou déçus. Les jeunes aspirent à aimer, ils ont besoin d'un ami ou d'une amie. Lorsqu'ils sont déçus, ils se ferment et demeurent seuls avec leur soif d'amour. Le Saint-Esprit est la promesse qu'ils peuvent se faire confiance, ouvrir leurs portes et laisser entrer les autres chez eux, pour qu'ensemble ils apprennent le mystère de l'amour.

L'Esprit Saint se reconnaît aussi au pardon. Quand Jésus, le soir de Pâques, souffle sur ses disciples, il leur dit : « *Recevez l'Esprit Saint ; les péchés seront remis à ceux à qui vous les remettrez* » (Jn 20, 22s). Si nous arrivons à pardonner à quelqu'un qui nous a offensé, c'est là l'œuvre du

Saint-Esprit. Un diacre m'a raconté comment il a concrétisé cela dans sa paroisse dans le cadre de la préparation à la Confirmation en invitant les confirmands accompagnés de leurs parents, leurs frères et sœurs et leurs parrain et marraine à une célébration pénitentielle. Après une introduction, il demande aux confirmands de se lever en compagnie de leurs familles et de leurs parrain et marraine, puis d'échanger entre eux pour identifier les blessures faites aux autres et dont ils voudraient être pardonnés, et les blessures subies des autres et qu'ils sont disposés à pardonner. Puis chacun impose les mains sur l'autre, d'abord le père et le confirmand réciproquement, puis, de même, la mère et le confirmand ; enfin, chacun prie en silence pour obtenir le pardon de Dieu. C'est là un rite très impressionnant. Le diacre avait d'abord eu des doutes quant à la disposition des confirmands et de leurs proches à accepter une telle démarche. Mais chaque année depuis lors, il constate combien ce rite améliore les relations familiales et comment l'expérience du pardon réciproque peut assainir l'atmosphère du foyer.

Une autre image donnée par Jean à l'Esprit Saint est celle de la source. De celui qui accueille l'Esprit Saint, il dit : *des fleuves d'eau vive couleront de son sein* (Jn 7, 38). Le Saint-Esprit circule en nous comme une source abondante et sans fin. Nous pouvons nous y abreuver comme à la force que Dieu nous offre. Celui qui y puise n'aura plus jamais soif, parce que cette eau est inépuisable. Cette source nous rendra capables de saisir notre vie à bras le corps et de nous adonner à notre tâche sans craindre que nos forces nous lâchent. Boire à cette source, c'est gagner la joie de vivre, de travailler, de remplir ses devoirs. C'est rester vivant et plein de fraîcheur. C'est ne pas être contraints par l'amertume ou la déception, par la colère ou la peur, ni dominés par nos émotions, ce qui, aujourd'hui, assombrit l'esprit de tant de gens. C'est voir clair et avoir plaisir à apporter cette lucidité dans le monde. C'est s'abreuver à la source vitale qu'est l'Esprit Saint. J'ai parfois peur, quand je vois aujourd'hui des jeunes déjà sclérosés, sans aucune vie, sans imagination, sans créativité et sans enthousiasme, avec lesquels il est pratiquement impossible de communiquer. J'ai confiance pourtant que l'Esprit Saint fera jaillir la vie en nous.

La quatrième image employée par Jean est importante : l'Esprit Saint est notre défenseur, le secours qui se tient à nos côtés. Les jeunes doivent avoir la conviction qu'ils ne sont pas abandonnés ou seuls au monde quand leurs parents les quittent ou quand ils quittent la maison familiale. L'Esprit Saint les accompagne, il lutte pour eux et les conforte. De plus, cet Esprit leur parle ; ils ne sont pas livrés à eux-mêmes, sans soutien, quand ils ne comprennent plus les exigences parentales et qu'ils s'en détournent. Car l'Esprit nous inspire et nous montre ce qui nous convient, ce qui est bon pour nous et ce qui nous met sur le chemin de la vie. Jésus a promis à ses disciples de les aider précisément dans les difficultés. La vie est aussi un combat ; les jeunes l'apprennent à l'adolescence. Dans ce combat, ils ne sont pas livrés à eux-mêmes. Quelqu'un les soutient. Quelqu'un est à leurs côtés et prend leur parti. Quelqu'un, près d'eux, les aide à se redresser. C'est une promesse à laquelle les jeunes peuvent certainement être sensibles.

Le Saint-Esprit dans l'Évangile de Luc

Cette idée de secours est développée par l'évangéliste Luc. Dans les Actes des Apôtres, il décrit comment l'Esprit Saint se manifeste par un vent de tempête qui fait irruption dans le lieu où est rassemblée la communauté des disciples ; ceux-ci, bien qu'apeurés, reçoivent le courage de sortir pour aller annoncer ce que Dieu a accompli en Jésus Christ. L'Esprit Saint dissipe la peur et emplit les disciples d'audace car il est avant tout confiance. Il vient susciter chez les jeunes le courage de s'estimer, de croire en eux-mêmes, de développer leur confiance en soi. Quand on sent en soi la force du Saint-Esprit, on n'a pas besoin de se construire une façade pour montrer son assurance. Chez de nombreux jeunes, on sent en fait, derrière une façade « cool », une grande insécurité et un fort sentiment d'infériorité. Dans les Actes, on voit les disciples délivrés par le Saint-Esprit de la pusillanimité qui leur ferait craindre le jugement des autres et leurs moqueries. Ils osent dire ce que le Saint-Esprit leur inspire. Ainsi, par l'Esprit, on est libéré de l'obsession de toujours se comparer aux autres, de devoir prendre parti conformément à leurs attentes. On parle plutôt en toute franchise, on exprime ce qu'on ressent et ce qu'on pense. On vit de sa propre vie et non de l'approbation des autres.

Dans le récit que fait Luc de la Pentecôte, le Saint-Esprit se manifeste par le don des langues. Les disciples *furent tous remplis de l'Esprit Saint et se mirent à parler en d'autres langues, comme l'Esprit les faisait s'exprimer* (Ac 2, 4). L'Esprit Saint rend les jeunes capables de trouver leur propre langue. Le mot grec utilisé, *lalein*, signifie bavarder, causer, converser, parler en toute confiance. Les disciples ne se cassent pas la tête pour trouver des mots qui sonnent bien. Ils parlent simplement, avec spontanéité. Parce qu'ils parlent de tout leur cœur, leurs mots touchent leurs auditeurs. De même, les jeunes doivent se sentir encouragés par le Saint-Esprit non pas à ajuster craintivement leurs propos sur ce que disent les autres, à répéter des lieux communs, mais à exprimer en toute confiance leurs propres sentiments et leurs propres désirs. Alors, ils verront que leurs paroles sont bien comprises par les adultes car la langue donnée par l'Esprit Saint suscite la relation, encourage et redresse. Je suis parfois effrayé devant la pauvreté du langage de certains jeunes. Mais je constate aussi que d'autres savent exprimer leurs sentiments et leurs perceptions de façon étonnante. La langue qui vient du cœur est celle de l'Esprit Saint. Elle sait aussi toucher et émouvoir le cœur des autres.

La Bible qualifie de mauvais l'esprit qui rend muet ; c'est un démon (cf. Mc 9, 17). Celui qui n'a pas de langage pour exprimer sa vérité intérieure, ses souffrances et ses émotions, tombe malade. Il est – comme le dit Marc à propos d'un jeune homme – *malmené par un esprit muet* (Mc 9, 20). Une tâche importante de la Confirmation serait donc de créer dans l'échange interpersonnel, ou dans le groupe, un espace où les jeunes puissent parler d'eux-mêmes et de leurs sentiments. Dans un groupe de jeunes qui, par anxiété, ne parlent que de choses superficielles, il n'est pas facile de créer un climat de confiance qui délie les langues, de façon à ce que l'on puisse parler *avec justesse* (cf. Mc 7, 35s).

Celui qui est possédé par un esprit muet est également muet devant des injustices. Il se tait, alors qu'autour de lui, dans le bus ou dans le métro, quelqu'un se fait insulter. Le Saint-Esprit veut nous encourager à élever la voix pour les sans-voix ou pour ceux qui ont perdu la voix. Une bonne activité préparatoire à la Confirmation serait de réfléchir aux circonstances où, en tant qu'individu ou groupe, on devrait prendre la parole. Peut-être le groupe sent-il que dans la communauté paroissiale beaucoup de choses ne vont pas, que des personnes sont mises de côté. Ou que dans la classe, il faudrait laisser la parole à ceux qui n'arrivent jamais à se faire entendre, qui sont réduits au silence. Par exemple, une initiative intéressante, d'une durée d'environ une semaine, consisterait, selon son impulsion intérieure, à soutenir quelqu'un, ou à prendre la parole et à dire ce que l'on ressent. Souvent, nous inventons n'importe quel prétexte pour éviter de nous impliquer : « De toute façon, cela ne sert à rien. Je préfère ne pas m'attirer d'histoires. Personne ne m'écoutera. Je n'obtiendrai rien. Je ne récolterai que des ennuis. »

De cette assemblée craintive constituée par les disciples, l'Esprit va faire l'Église. Quand il vient sur les hommes, il crée une communauté humaine d'où naît l'Église qui, par la toute-puissance de Jésus, se met à sa suite et le prend pour modèle. C'est ce qui ressort du récit de Luc alors que les Apôtres Pierre, Jean et Paul accomplissent les mêmes miracles de guérison que Jésus et quand le diacre Étienne, mourant, pardonne à ses ennemis, exactement comme Jésus l'a fait. Le Saint-Esprit nous donne la possibilité d'imiter Jésus et, comme lui, d'aller vers les autres, de les relever et de leur redonner courage et lucidité.

A la Confirmation, nous sommes remplis de l'Esprit de Jésus pour être ses témoins, pour accomplir, par sa puissance, des miracles de guérison, pour redonner courage et pour démasquer l'esprit malin présent dans le monde. Cela peut sembler prétentieux, et pourtant, chaque fois que quelqu'un nous parle de ses blessures et de ses humiliations, et que nous l'écoutons tout simplement, un miracle de guérison a lieu. Cette puissance de l'Esprit s'exerce, à travers nous, de manières diverses. L'un peut guérir grâce à son moral, l'autre grâce à son écoute, le troisième en sachant aborder le problème et en partageant concrètement le chemin de son ami blessé. Par la Confirmation nous pouvons prendre conscience qu'aujourd'hui encore, des signes et des miracles arrivent parmi nous. Des miracles qui ne s'obtiennent pas par la force, mais incitent à la reconnaissance : quand, par exemple, un conflit insoluble trouve une solution, quand une barrière tombe, ou quand la vie l'emporte sur la mort.

III. LE DÉROULEMENT DE LA CONFIRMATION ET LA SIGNIFICATION DES RITES

Credo : « Je crois »

La Confirmation est généralement administrée dans le cadre de la célébration eucharistique, plus précisément après la prédication de l'évêque. Le rituel prévoit que le tuteur des confirmands appelle chacun par son nom. Les jeunes s'avancent un à un devant l'évêque et prennent place, à tour de rôle, dans le chœur. Ils pourraient alors dire : « Je suis prêt », comme lors de l'Ordination des prêtres. On comprendrait ainsi que la Confirmation et l'envoi par le Saint-Esprit découlent d'un choix réfléchi. En effet, de même que l'Ordination s'accompagne d'une mission librement choisie par le prêtre, la Confirmation implique l'accueil libre d'une mission par le jeune. Après l'homélie, l'évêque invite les confirmands à confesser leur foi. Parce que la récitation du Credo touche peu les jeunes, il serait intéressant de les avoir préalablement incités à réfléchir personnellement à cette profession de foi. Ils pourraient formuler un Credo dans leurs mots, ce qui les amènerait à trouver une façon personnelle d'exprimer leur foi aujourd'hui devant les autres.

Un diacre me racontait comment il avait demandé à chaque confirmand d'écrire la phrase du Credo qui lui parlait le plus et dont il voulait vivre, et de la reformuler dans ses mots personnels en justifiant son choix. Chaque jeune était obligé d'exprimer sa foi par ses propres mots, sur le fond d'une profession de foi préformulée. Le témoignage de foi qui en a résulté a étonné et touché la communauté. Peu d'adultes pensaient que les jeunes étaient capables de réfléchir sérieusement sur leur foi.

Les mains étendues

Après la profession de foi, l'évêque étend les mains au-dessus de tous et demande au Saint-Esprit de descendre sur les confirmands. Il s'agit d'un très ancien et très respectable geste, dont le sens est d'appeler l'Esprit de Dieu à descendre sur les hommes, à les protéger et à les transformer. De même que le prêtre, pendant la messe, étend les mains sur le pain et le vin et invoque le Saint-Esprit pour qu'il les transforme en Corps et en Sang du Christ, ainsi l'évêque appelle cet Esprit sur les jeunes pour qu'ils renaissent, soient transformés par l'Eucharistie et remplis de l'Esprit du Christ, de son amour et de sa force. Par l'imposition des mains, les confirmés deviennent pain du ciel, pain pour les autres, vraie nourriture sur leur route et vin qui réjouit le cœur des hommes.

Lors de l'Ordination presbytérale, l'évêque impose les mains au prêtre pour le conforter dans sa mission. Ce rite a le même sens pour les confirmés envoyés dans le monde pour le façonner par la force du Saint-Esprit et témoigner du Christ. Étendre les mains signifie en outre que Dieu étend sa main protectrice sur ces jeunes et qu'il veut les accompagner sur leur chemin. Mais ce rite est aussi un geste d'appartenance. « Tu m'appartiens », dit Dieu par ce geste. Si j'appartiens à Dieu, cela veut dire aussi que je suis libre, que je n'appartiens à aucun être humain, qu'aucun homme n'a barre sur moi, qu'aucun roi, aucun empereur, ne peut décider de moi, mais Dieu seul. Cela confère un sentiment de dignité personnelle. Les jeunes ne sont pas là pour remplir les attentes de leurs parents ou de leurs amis. Ils appartiennent à Dieu. Chacun d'eux est unique. Ils sont libres. Personne n'a prise sur eux. Ils doivent vivre en ce monde comme des enfants de Dieu, libres, debout, conscients de leur dignité, redressés par le Saint-Esprit.

L'imposition des mains

Chaque confirmand s'avance alors seul vers l'évêque, accompagné de ses parrain et marraine. L'évêque qui, auparavant, a étendu les mains sur tous en les bénissant, impose à présent les mains sur la tête de chacun, comme à l'Ordination des prêtres, et prie en silence pour lui. Tout ce qui est grand a lieu en silence. Ainsi l'évêque implore-t-il silencieusement le Saint-Esprit de descendre sur chacun et de réaliser en lui une œuvre adaptée à ce qu'il est. Puisque l'action de l'Esprit se manifeste différemment en chaque personne, cette imploration silencieuse ne fixe pas l'individu dans un comportement établi. Chacun reçoit la force dont il a besoin pour être maître de sa vie et pour porter témoignage à sa façon pour la vie, pour le Christ, le Prince de la vie (Ac 3, 15). L'imposition silencieuse des mains est un rite intense, émouvant pour la personne qui s'y prête. Le Saint-Esprit établit alors avec le confirmand une profonde communion, il le reçoit tel qu'il est, avec ses faiblesses et ses forces, avec sa singularité et ses caractéristiques personnelles. Par les mains de l'évêque, il investit le corps du confirmand, le pénètre de sa force et l'emplit de son amour. Il vient éclairer les recoins obscurs de sa vie. Il soigne ses blessures. Il métamorphose tout en lui.

L'onction du Saint-Chrême

Après l'imposition des mains et la prière silencieuse, l'évêque oint les jeunes avec le Saint-Chrême en disant : « N., sois marqué de l'Esprit Saint, le don de Dieu. » Marqué, c'est-à-dire identifié par un sceau. C'est là un symbole biblique. Dans la lettre aux Éphésiens, il est écrit : *En lui vous aussi, après avoir entendu la parole de vérité, l'Évangile de votre salut, et y avoir cru, vous avez reçu le sceau de l'Esprit Saint promis, arrhes de notre héritage, pour la rédemption de ceux que Dieu s'est acquis, à la louange de sa gloire* (Ep 1, 13s). Dans l'Antiquité, chez les Grecs et les Romains, des gens se faisaient marquer au fer rouge pour montrer qu'ils appartenaient à Dieu et étaient sous sa protection. Les Juifs aussi connaissaient le sceau comme signe de protection. Dans un texte ancien du judaïsme, il est question de ceux qui portent le sceau de la circoncision, ne craignent pas les esprits mauvais et sont forts comme un homme ceint de l'épée. Les premiers chrétiens, quant à eux, connaissaient le sceau de la croix que beaucoup portaient tatouée sur le front pour signifier leur appartenance à Dieu et l'impossibilité que quiconque exerce une emprise sur eux. Ainsi, le sceau de l'Esprit dans la Confirmation est-il un signe que le confirmand n'appartient plus à ses parents, mais à Dieu qui, par ce sceau, le rend fort pour soutenir le combat de la vie. Celui qui est marqué du sceau de l'Esprit n'a plus à avoir peur des difficultés de la vie ou des esprits malins qui l'entourent souvent, ni des blocages intérieurs qui voudraient l'empêcher de se développer.

Le confirmand est oint du Saint-Chrême fait d'huile d'olive et de baume. On relève les plats avec de l'huile d'olive. L'huile soigne les plaies : le bon Samaritain verse du vin et de l'huile sur les plaies de l'homme qui a été mis à mal par des bandits. Dans l'Antiquité, le sportif s'enduisait les membres d'huile, pour qu'ainsi son corps soit plus souple et ses performances plus élevées. Tous ces symboles ont également leur rôle dans la Confirmation. La vie y puise un nouveau goût dans le Saint-Esprit, les blessures sont guéries, le jeune est oint pour affronter la vie, pour s'engager dans le combat avec des forces neuves et un élan nouveau. De plus, l'huile est mélangée à du baume. Celui-ci se prépare avec les résines odorantes de diverses plantes. Dans l'Antiquité, l'ajout de baume transformait l'huile en cosmétique. De même, par le baume, l'huile devient « chrême », un mot qui renvoie au Christ. Le chrême doit transmettre le parfum de l'amour pour le Christ, emplir les jeunes de la bonne odeur du Christ, les imprégner de l'arôme de son amour.

Les rites ne sont pleinement efficaces que s'ils sont interprétés. Par conséquent, il est important de s'attarder aux principaux rites de la Confirmation pour les expliquer aux jeunes afin qu'ils les apprécient et les vivent intensément.

Les parrain et marraine

Lors de l'imposition des mains et de l'onction par l'évêque, le confirmand n'est pas seul. Le parrain ou la marraine de Confirmation se tient toujours derrière lui, la main droite posée sur son épaule. Il s'agit là d'une présence essentielle, car les jeunes ont besoin de sentir à leurs côtés un adulte qui les assiste. A travers cet adulte, le Saint-Esprit se manifeste comme un soutien. Par leur support, le parrain ou la marraine confortent le confirmand dans l'estime de lui-même tout en le laissant libre. L'épaule étant un centre d'énergie, poser ainsi la main sur l'épaule du confirmand signifie : « Il est bon que tu sois là. Tu es fort. Tu es maître de ton existence. Sois sûr de toi ! Va ton chemin ! » En même temps, ce geste suggère que les forces personnelles du jeune, qui souvent le trahissent, sont investies par la force du Saint-Esprit qui le soutient pour que ses pas soient désormais fermes et assurés.

Dans certaines communautés, le confirmand se présente avec le parrain ou la marraine, mais aussi avec ses parents, ses frères et sœurs et ses amis. Tous posent la main sur les épaules du confirmand ou forment une sorte de chaîne, la main de l'un sur l'épaule de l'autre. Le jeune comprend ainsi qu'il n'est pas seul, que beaucoup de gens autour de lui le protègent et resteront à ses côtés. Par la Confirmation, il est accueilli dans le cercle des adultes, celui de ceux qui, l'ayant devancé, ont déjà franchi le stade de la majorité ; ils forment une communauté de croyants prêts à partager leur foi avec lui et à l'accompagner sur le chemin de sa propre foi. Par la présence de ces compagnons de route, il fera sans cesse l'expérience de la puissance réconfortante de l'Esprit Saint, surtout quand il se sentira découragé et délaissé.

Le signe de paix

Après l'onction du Saint-Chrême, l'évêque donne le signe de paix au confirmand. Ce dernier reçoit le salut et l'accolade en tant que membre de l'Église à part entière. Aujourd'hui, c'est l'accolade qui est le plus souvent pratiquée en signe de paix. Jadis, on pratiquait plutôt la mystérieuse « tape sur la joue », la fameuse *alapa*. Ce geste signifiait que le confirmand recevait la force du Saint-Esprit et qu'il ne devrait plus rougir de confesser le nom du Christ. On l'explique aussi par la scène où saint Benoît délivre un moine d'un esprit mauvais en lui donnant une tape sur la joue, signifiant par là qu'il n'a plus à craindre l'esprit malin ou même ses propres forces obscures puisque la puissance du Saint-Esprit est la plus forte. Certains assimilent ce geste à l'adoubement des chevaliers ou à l'émancipation. Le nombre et la diversité des interprétations de ce rite indique à quel point il a été cause d'incompréhension. C'est pourquoi le concile Vatican II l'a supprimé. De nombreux rites doivent d'abord mourir afin d'être redécouverts. On ne peut certainement pas répéter le même geste d'avant le concile ; il n'est pas « réutilisable ». Le sens de cet ancien rite peut pourtant être rétabli par l'accolade que l'évêque donne au jeune homme ou à la jeune fille : le geste devrait être posé non pas timidement, mais en entourant les épaules des jeunes avec fermeté en signe de la force de l'Esprit Saint. De cette façon, l'évêque signifie aux jeunes qu'ils sont à présent devenus adultes, qu'ils sont forts et qu'ils ont sa confiance. Si, au contraire, le signe de paix est simplement esquissé, il apparaît comme un rite vide de tout contenu et sans aucune conséquence. Or, il doit signifier que l'autre est pleinement et totalement accepté, bienvenu dans la communauté ecclésiale, respecté dans son unicité, estimé en tant qu'homme ou femme.

Les prières d'intercession

Le signe de paix met fin à la liturgie de la Confirmation proprement dite. En réponse à la réception du sacrement, les nouveaux confirmés vont maintenant formuler leurs prières d'intercession. Ici, les jeunes devraient se sentir autorisés à exercer leur créativité, démontrant ainsi leur compréhension du sens du sacrement. Ces prières peuvent prendre différentes formes. Les jeunes peuvent, par exemple, dire dans leurs mots, les soucis et aspirations qu'ils portent en regard du monde et de l'Église. On peut le faire par la parole ou par l'usage de symboles qui donnent corps aux rêves des jeunes. Les confirmés les présenteront à la communauté, et les déposeront sur l'autel en signe d'espérance que la communauté et de la paroisse soient transformées par le sacrement reçu. Une autre possibilité serait que chaque confirmé dise devant la communauté comment il comprend sa mission et quel type de tâche il entend prendre en charge concrètement. La mission de chacun serait ainsi officialisée, chaque jeune s'investissant, pendant un certain temps, dans une action concrète. On pourrait même espérer que l'exemple de ces jeunes devienne contagieux.

Le moment des prières d'intercession est également propice au remerciement de la communauté par les confirmés, pour ce qu'ils ont vécu avec elle et parmi elle ; il l'est aussi à l'expression de leurs souhaits ainsi qu'à l'annonce du genre d'engagement communautaire qu'ils veulent prendre. Chaque confirmé pourrait s'approcher d'un membre de la communauté, de ses parents, ou d'une personne de son choix, et lui tracer le signe de la croix sur le front, soit en silence, soit en prononçant un souhait de bénédiction, ou une formule préparée à l'avance, telle que : « Je te marque du signe de la croix. Tu appartiens à Dieu. Il est bon que tu sois là. Vis dans la liberté de l'Esprit ! » Comme il n'y a pas beaucoup de rites traditionnels dans la Confirmation, l'administration de ce sacrement est l'occasion d'en créer de nouveaux au sein de la communauté. Les rites nous donnent la possibilité d'exprimer des sentiments qu'autrement nous retenons, et de créer de nouvelles relations de qualité. Certes, il faut d'abord franchir un seuil d'inhibition pour se prêter à une telle démarche. Mais celui qui en a le courage s'en trouve récompensé en vivant une expérience d'une grande profondeur : les jeunes se souviendront encore longtemps de telles expériences.

Une fois le rituel de la Confirmation terminé, la célébration eucharistique se poursuit par la préparation des offrandes communautaires qu'il revient aux nouveaux confirmés de porter à l'autel. Tout comme ces confirmés ont été transformés par le Saint-Esprit, de même les offrandes le seront-elles. Dans le pain, ce sont les peines et les travaux de la communauté que les jeunes gens et les jeunes filles portent devant Dieu, mais aussi leurs déchirures et l'aspiration communautaire à l'unité. Dans le calice, ils portent à l'autel toute la douleur et toute la joie du monde pour que Dieu les transforme. Ce rite doit faire l'objet d'une préparation soignée, de sorte que les jeunes, représentant ici la communauté, portent le ciboire et le calice à l'autel, lentement, de façon posée et en ayant réfléchi au sens de leur geste. Ils peuvent alors pressentir que la Confirmation se poursuit dans l'Eucharistie qui transformera ces offrandes en offrandes divines, nourrissantes et fortifiantes pour les hommes sur leur chemin.

IV. VIVRE DE SA CONFIRMATION

Beaucoup d'adultes peuvent encore se rappeler leur Confirmation. En ce qui me concerne, je ne peux pas dire que la réception de ce sacrement ait été un événement marquant dans ma vie. C'est sans doute le cas de la plupart d'entre nous. Je ne peux donc pas vivre du souvenir de ma Confirmation mais, grâce aux fruits de ce sacrement, je peux considérer ma vie sous un jour nouveau et la façonner d'une manière particulière. Prendre conscience de l'onction de l'Esprit Saint, de sa présence en moi, c'est vivre ma Confirmation, c'est vivre de l'Esprit. Mais que veut dire, « vivre de l'Esprit de Dieu » ?

Vivre de la liberté de l'Esprit

Dans plusieurs passages de ses Lettres, Paul explique la signification de la vie selon l'Esprit et non selon la chair. Vivre selon la chair signifie pour lui vivre selon les critères de ce monde, être oppressé par la nécessité de réussir et d'être reconnu socialement. Par opposition, l'expérience la plus importante de ceux qui vivent selon l'Esprit est celle de la liberté. *Il n'y a donc plus, désormais, de condamnation pour ceux qui sont dans le Christ Jésus. En effet, la loi de l'esprit de vie t'a affranchi dans le Christ Jésus de la loi du péché et de la mort* (Rm 8, 1s). Le Saint-Esprit nous libère de la dépendance vis-à-vis de nos vieux modèles psychiques, dans lesquels nous avons toujours tendance à retomber.

La présence en nous de ces modèles et mécanismes se fait toujours sentir. Vis-à-vis des personnes qui nous agressent, nous réagissons avec haine et colère. Nous nous laissons imposer des comportements conformes aux règles du jeu des autres. Dès que des conflits éclatent, nous nous sentons coupables. Paul appelle cette façon d'être la loi du péché et de la mort. La soumission à ces modèles peut nous faire rater notre vie car, en effet, pécher veut dire : manquer sa cible, rater. C'est entrer dans la mort, se couper de la vie véritable. Au contraire, se laisser guider par l Esprit rend libre intérieurement. Ce fut l'expérience la plus intense de Paul dans sa rencontre avec le Christ : *Or, le Seigneur est l'Esprit ; et où est l'Esprit du Seigneur, là est la liberté* (2 Co 3, 17).

Pour Paul, la liberté que nous offre l'Esprit s'exprime par le fait que nous ne sommes plus esclaves, mais libres fils et filles de Dieu : *Tous ceux qui se laissent conduire par l'Esprit de Dieu, ceux-là sont fils de Dieu. Vous n'avez pas reçu en effet un esprit de servitude pour vivre encore dans la crainte ; vous avez reçu un esprit d'adoption filiale qui vous fait crier : « Abba, Père ! »* (Rm 8, 14-15). Au contraire, ceux qui se laissent dicter leur conduite par les autres et qui vivent sans cesse dans la peur de ne pas répondre à leurs attentes, sont des esclaves ou des laquais, selon Paul. Le Christ, quant à lui, est l'homme libre. Il traverse la vie debout, dans une inaliénable dignité. Il n'achète pas l'estime par ses performances, ni la popularité par le conformisme. Celui qui doit sans cesse répondre aux attentes des autres pour se sentir un homme est un esclave, il s'aliène. Le refus d'une telle aliénation est la marque de qui vit de l'Esprit car celui-ci nous délivre du pouvoir de ceux qui veulent nous donner mauvaise conscience, nous soumettre et nous rendre conformes à l'image qu'ils se font de nous.

Vivre de la force de l'Esprit

Comment pouvons-nous vivre de la force de l'Esprit ? Luc nous le montre dans les Actes des Apôtres dont je n'interpréterai qu'un bref passage pour montrer à quoi pourrait ressembler concrètement notre vie selon la force (*dynamis*) de l'Esprit. Dans les Actes des Apôtres, les disciples prient ainsi : « *Donne à tes serviteurs d'annoncer en toute assurance ta Parole ; étends la main pour que s'accomplissent des guérisons, des miracles et des prodiges par le nom de ton saint serviteur Jésus.* » Leur prière achevée, le lieu où ils étaient assemblés trembla ; ils furent tous remplis de l'Esprit Saint et ils annonçaient la Parole de Dieu avec assurance (Ac 4, 29-31). La force de l'Esprit se manifeste chez les disciples par le fait qu'ils annoncent avec assurance la Parole de Dieu. Le terme grec pour désigner « l'assurance » est *parresia*. La *parresia*, c'est la liberté de parole, le courage de dire ce que je pense, en toute liberté, du fond du cœur.

Nos discours sont souvent orientés par les attentes des autres ; au lieu de dire ce que nous pensons ou vivons, nous essayons de plaire, de nous rendre aimables, et de paraître sous un bon jour. Nos mots n'ont plus de force, ne portent plus : ils s'adaptent, c'est tout. Vivre de la force de l'Esprit, c'est exprimer en toute liberté ce que nous avons dans le cœur et ce que Dieu nous inspire sans tenir compte de l'opinion des autres.

La force de l'Esprit se manifeste pour Luc dans les guérisons, les signes et les miracles. Cette force est en nous, c'est pourquoi l'Esprit peut guérir aussi à travers nous. Mais en général, nous sommes ou bien trop modestes et manquons de confiance en nous, ou bien prétentieux au point de nous prendre pour de grands guérisseurs et de grands sauveurs et nous imaginons pouvoir guérir les blessures des autres par nos propres forces. Pour vivre de la force de l'Esprit, il faut le laisser transparaître à travers soi. Ainsi, quand quelqu'un me demande conseil, je ne dois pas m'imposer l'exigence d'être particulièrement avisé ou de résoudre de moi-même les problèmes de l'autre. Je dois plutôt me mettre à son écoute et faire confiance que l'Esprit m'inspirera comment réagir et que dire. Je suis ainsi déchargé du poids de mon désir de bien faire et conduit à toujours m'étonner du miracle de la guérison. Ainsi, l'autre reçoit de moi une confiance et une espérance nouvelles. Je n'ai rien provoqué personnellement, c'est la force de l'Esprit qui a agi à travers moi.

Le souvenir de notre Confirmation nous encouragera à faire de la place pour que l'Esprit agisse par nous. Il y a, aujourd'hui encore, plus de signes et de miracles que nous le croyons : quand une rencontre réussit, quand tout à coup le cœur est touché, quand une personne en deuil est consolée par une autre qui la soutient, quand celui qui se méprise lui-même et se fait du mal retrouve sa dignité et sa joie de vivre. L'Esprit de Dieu n'agit pas seulement à travers nos forces, mais également à travers nos faiblesses. Même si, dans une conversation, je me sens impuissant et désemparé, l'Esprit Saint peut agir à travers moi, si je m'ouvre à lui et si je me tiens à sa disposition. Me voilà ainsi déchargé du poids de devoir bien faire, invité seulement à être perméable au Saint-Esprit.

Les disciples ont perçu la force de l'Esprit quand le lieu où ils étaient rassemblés se mit à trembler (Ac 4, 31). Le mot grec *saleuo* ne veut pas seulement dire « trembler, secouer, ébranler », mais aussi « faire vibrer ». La force du Saint-Esprit peut encore nous faire vibrer, quand, par exemple, il règne une atmosphère très dense dans l'église et que, tout à coup, la même vibration est sensible chez tous. Cette vibration partagée dégage une grande impression de force que nous ressentons aussi parfois à nous tenir ensemble en silence. C'est cependant quelque chose qui ne se commande pas. Cette force est un don et sa présence nous fait sentir qu'ensemble nous sommes capables de créer et de changer les choses. Quand l'Esprit nous fait vibrer, les vieux modèles qui structurent notre âme sont ébranlés eux aussi. Alors, nous sortons de notre engourdissement et naissons à une vie nouvelle, tout à coup secoués, réveillés et conscients de la superficialité de notre vie jusque-là. L'ébranlement que l'Esprit Saint provoque nous met en contact avec nos propres profondeurs et ce bouleversement atteint aussi les autres. Soudain, quelque chose se met en marche, se passe en nous et entre nous, provoquant des changements dans ce monde. Pour moi, vivre de la force de l'Esprit Saint, cela veut dire me laisser sans cesse ébranler par lui, lui faire confiance pour qu'il m'emplisse de sa vigueur et me pousse à agir efficacement.

Vivre des dons de l'Esprit

Dans sa première lettre aux Corinthiens, Paul parle des multiples dons de l'Esprit. Chaque être humain a un don différent mais ces dons viennent tous du même Esprit. *A l'un, c'est une parole de sagesse qui a été donnée par l'Esprit ; à l'autre, c'est une parole de science de ce même Esprit ; à un autre, c'est la foi dans ce même Esprit ; à un autre, c'est le don de guérir dans cet unique Esprit ; à un autre, le pouvoir de faire des miracles ; à un autre, la prophétie ; à un autre, le discernement des esprits ; à un autre, la diversité des langues ; à un autre, le don de les interpréter* (1 Co 12, 8-10). A la suite des écrits de Paul et de la promesse de l'Esprit en Isaïe 11, 2s, la Tradition a fixé à sept le nombre des dons du Saint-Esprit soit : l'Esprit de sagesse, d'intelligence, de conseil, de connaissance, de force, de crainte de Dieu et de piété. Sept est toujours le chiffre de la transformation, qui divinise l'être humain. Ces sept dons caractérisent l'homme qui vit du Saint-Esprit. Cet homme a le regard acéré, il est lucide, il découvre les rapports internes entre sa propre vie et l'univers ; il est également capable de comprendre les autres hommes et de les conseiller sur le juste chemin. Il est rempli de sagesse, il a saisi, goûté, savouré le mystère de toute existence ; il vit de Dieu, compte sur lui et s'unit à lui par ses pensées et ses actions.

Tout être humain ayant reçu un don qui lui est propre, chacun peut découvrir le sien en considérant sa vie. Même nos blessures peuvent devenir des dons en nous rendant sensibles aux autres. Nos forces aussi peuvent révéler nos dons. L'un peut savoir écouter, alors que l'autre est capable d'initiative, avoir des idées, être créatif et dynamique. Puis un autre est solide, fidèle, on peut s'en remettre à lui. L'un affronte les conflits jusqu'à ce qu'ils soient résolus, tandis que l'autre est capable de réconcilier les parties adverses et d'unifier ce qui est divisé.

Beaucoup de gens manquent de confiance en eux-mêmes. Par comparaison aux autres, ils se sentent désavantagés et considèrent qu'ils n'ont rien à offrir à leur communauté ou au monde. Se rappeler sa Confirmation, cela veut dire avoir confiance dans les dons prodigués par l'Esprit Saint et être à l'écoute de soi pour les discerner. Dans certaines communautés, lors de la fête annuelle de la Pentecôte, chacun tire au hasard un bout de papier portant le nom d'un don de l'Esprit ; il s'en servira ensuite comme d'un guide pour sa pratique durant toute l'année. Nous avons fait la même chose lors d'une célébration eucharistique ; après la communion, chaque personne était invitée à réfléchir au don qu'elle avait tiré au hasard. L'impact a été fort sur l'assemblée. Beaucoup se sont sentis concernés et touchés par le don inscrit sur le papier. Ainsi, un homme ayant tiré le don de la guérison, y a vu une exigence de confiance en sa capacité de soulager sa femme aux prises avec une dépression. Une femme, qui n'avait guère confiance en elle, reçut le don de diriger. Après quelques hésitations, elle se sentit le devoir de prendre activement en main des conflits latents dans sa famille. Nous devons avoir la conviction que le Saint-Esprit nous confie précisément ce don par lequel il nous donnera de découvrir en nous de nouvelles capacités et potentialités. Puis, l'année suivante, en jetant un regard en arrière, nous serons remplis de gratitude pour l'action de l'Esprit en nous.

Suivre l'Esprit

Pour Paul, vivre dans l'Esprit, cela signifie orienter sa vie selon les exigences de l'Esprit : *Si nous vivons par l'Esprit, laissons-nous aussi conduire par l'Esprit. Ne cherchons pas la vaine gloire ; ne nous provoquons pas les uns les autres, ne nous portons pas envie les uns aux autres* (Ga 5, 25.26). Parce que la vie dans l'Esprit a aussi des conséquences sur nos comportements dont certains doivent être changés, Paul parle des fruits de l'Esprit. D'un côté, ce sont des cadeaux de l'Esprit ; de l'autre, ce sont des exigences visant à modifier certains comportements par la puissance de ce même Esprit : *Le fruit de l'Esprit est au contraire charité, joie, paix, patience, affabilité, bonté, douceur, tempérance* (Ga 5, 22-23). Ces fruits sont un critère important pour discerner si je vis de l'Esprit de Dieu. Ils m'indiquent à quel endroit un esprit malin s'est glissé dans ma vie. Même ma vie religieuse peut être faussée par le démon de la peur et de l'étroitesse d'esprit, de la dureté et de l'autosatisfaction. Un long chemin de transformation reste à parcourir si je veux que toute mon existence rayonne l'amour, l'amabilité, la bonté et la douceur.

L'écoute du Saint-Esprit m'amène à travailler sur moi, car une saine ascèse est nécessaire pour atteindre la maîtrise de soi et l'autonomie et cesser d'être le jouet de mes passions et de mes besoins. La maîtrise de soi signifie également assumer la responsabilité de sa vie. Comme, justement, la Confirmation est initiation à l'âge adulte, le souvenir du sacrement reçu m'empêchera de retomber dans des comportements infantiles et d'attribuer la responsabilité de mes problèmes aux autres. Par elle, je suis invité à la liberté et à l'autonomie au lieu de me considérer comme victime de mon éducation ou des conditions sociales.

En ce qui me concerne, j'ai besoin d'une méditation quotidienne pour grandir dans l'Esprit de Jésus manifesté dans les fruits spirituels cités plus haut. Pour moi, la prière de Jésus : « Seigneur Jésus Christ, Fils de Dieu, prends-pitié de moi ! » m'aide à le prendre constamment pour modèle de mes comportements. J'essaie donc, dans mes colères, mes inquiétudes, mes duretés et mes condamnations sans appel, de répéter cette prière. Et je me rends compte que souvent ma mauvaise humeur se dissipe, que j'éprouve un peu de la miséricorde et de l'amour de Jésus. La prière de Jésus, associée à la respiration, transforme mon indifférence en amour, mes déchirures en paix, mes impatiences en longanimité, mon amertume en amabilité, ma dureté en bonté, ma mauvaise foi en confiance.

Pour adopter des comportements modelés sur ceux de Jésus, je ne peux pas compter sur mes propres efforts. Mais si, dans la méditation, je le laisse informer mes sentiments et mes passions, l'Esprit de Dieu transformera mon âme, la rendant capable d'adopter ces modèles de comportements et de vertus. Je sais pourtant aussi que je vis constamment dans la tension entre l'Esprit et le mal, que je suis sans cesse soumis à l'influence de l'esprit de ce monde. Le souvenir de ma Confirmation me rend confiant dans le fait que l'Esprit de Dieu est plus fort que l'esprit du mal. Je ne suis pas purement et simplement livré à mon passé, ni condamné à répéter les blessures de mon enfance. L'Esprit peut me transformer si je consens à m'abandonner à lui et à lui confier ce qui en moi pose problème, afin qu'il puisse entrer en moi et opérer cette transformation.

Se souvenir de sa Confirmation

Différents rites peuvent toujours nous ramener à la réalité de notre Confirmation. Comme la plupart des gens n'en savent plus la date, on ne peut par parler d'anniversaire. Mais ceux qui s'en souviennent peuvent allumer une bougie pour ranimer en eux le feu de l'Esprit. En fait, pour nous tous, la fête de la Pentecôte est l'occasion annuelle de nous rappeler que, confirmés, nous voulons vivre de la réalité de l'Esprit. Pourquoi alors ne pas observer, en famille, le rite qui consiste à tirer un don du Saint-Esprit, donnant ainsi à cette fête un caractère particulier ? En effet, il arrive souvent que la Pentecôte passe presque inaperçue, parce qu'elle n'est pas liée à des rites familiaux, comme Noël ou Pâques. Le même rite pourrait se faire à la sortie de la messe paroissiale. Dans un cas comme dans l'autre, le don tiré au hasard nous accompagnerait jusqu'à la Pentecôte suivante. Nous verrions ainsi comment il agit en nous, modifie notre perception des choses et nous permet d'identifier une certaine négligence dans notre pratique.

Je peux aussi me placer en plein vent et me représenter l'Esprit de Dieu soufflant sur moi. Selon la force du vent, j'imaginerai qu'il balaie la poussière déposée en moi, ou qu'il chasse l'esprit vicié des conversations creuses et des comportements dénués de sens, ou bien encore qu'il m'apporte la fraîcheur, comme une brise douce et caressante, me communiquant un peu de son amour. La respiration consciente peut aussi me faire sentir la présence de l'Esprit Saint. Quand je respire ainsi, j'imagine que je n'inspire pas seulement de l'air, mais que par chacune de mes inspirations le Saint-Esprit pénètre en moi et me remplit de son amour. Saint Augustin est persuadé qu'en respirant, nous inspirons également l'Esprit Saint, selon les mots de sa célèbre prière : « Respire en moi, ô Esprit Saint, pour que je pense saintement. » La respiration consciente me met en contact avec moi-même et alors, je suis chez moi. Mais tout en étant chez moi, j'ai l'intuition d'être habité par l'Esprit de Dieu et qu'il y a en moi une force autre.

Un autre rituel consiste à s'exposer au soleil et à laisser ses rayons traverser notre corps. Le Saint-Esprit est alors conçu comme le feu ou la braise qui me réchauffe. En moi, rien n'est éteint, au contraire, une ardeur ranime sans cesse la flamme de l'amour. Pour l'auteur spirituel bien connu Henry Nouwen, la vie spirituelle consiste à entretenir ce feu intérieur, à conserver en soi l'Esprit Saint comme une braise. Croiser les mains sur sa poitrine peut aider à sentir ce feu de l'Esprit qui brûle en soi et nous envahit d'amour divin.

Dans l'Évangile de Jean, le Saint-Esprit est avant tout la source qui jaillit en nous. Quand je m'assois près d'un ruisseau ou d'une rivière et que je regarde couler l'eau, j'ai l'impression qu'une source intarissable s'écoule en moi. Le Saint-Esprit me rafraîchit sans cesse et me vivifie, il nettoie ce qui est trouble et me rend à nouveau intérieurement clair et pur. Il me traverse comme un courant qui entraînerait avec lui tout ce qui se trouve sur son chemin, dénouerait les blocages, ferait fondre et couler à nouveau ce qui était gelé. Je sens que l'eau vive assouplit mes rigidités, mais surtout, je la sens s'épancher en moi comme une source inépuisable, puisqu'elle est divine. Quand je suis en contact avec cette source, je peux travailler beaucoup sans être épuisé. Le travail sourd de moi. Je le fais avec plaisir, sans m'inquiéter d'avoir à prouver quoi que ce soit.

Vivre de ma Confirmation signifie pour moi prendre au sérieux la réalité de l'Esprit Saint. Si, dans tout ce que je fais, je prends conscience de sa présence en moi, dans ma respiration, dans mes pensées, mes paroles et mes actes, je me libère du poids de vouloir tout faire seul. Et cela me donne le sentiment de participer d'une autre réalité. Je ne suis pas seul dans le processus qui me fait devenir moi-même. Je ne suis pas seul pour livrer le combat de ma vie, ni pour résoudre mes problèmes. Je ne dois pas surmonter ma tristesse par mes seules forces. La lutte contre mes émotions négatives n'est pas sans fin. Bien plus, c'est l'Esprit de Dieu qui se bat en moi. Il ne résout pas tous les problèmes. Il ne supprime pas ma mélancolie. Mais, le souvenir de l'Esprit de Dieu fait une brèche dans le mur de ma dépression. Elle ne m'enserre plus et je ne suis plus obsédé par elle. Je lui donne le droit d'exister, d'être là, au même titre que mes blessures et mes plaies. Celles-ci n'ont pas à être pansées toutes, car le Saint-Esprit est là, qui coule en moi et peut les guérir. Si, du fond de ma fragilité, je fais confiance à l'Esprit qui m'habite, je ne suis plus prisonnier de l'angoisse, centré sur mon psychisme, mais je suis assuré que l'Esprit de Dieu me guidera à travers tous les écueils de ma vie.

La foi dans le Saint-Esprit qui m'est confirmé irrévocablement dans le sacrement, dont j'ai été oint et marqué, me donne la confiance et la certitude de réussir ma vie. Certes, elle ne correspondra pas aux attentes de mon milieu ni aux critères de ce monde. Mais je la réussirai. Car l'Esprit de Dieu est ma part d'héritage (Ep 1, 14), il est l'assurance de mon appartenance à Dieu et la promesse que je ne tomberai jamais hors de sa main protectrice et pleine de bonté jusqu'à ce que je chante pour toujours la louange de sa gloire (cf. Ep 1, 14).

Conclusion

La créativité avec laquelle de nombreuses communautés préparent la Confirmation, reflète quelque chose de la spécificité de ce sacrement. Puisque, en tant que confirmés, nous sommes oints de l'Esprit Saint, celui-ci est au travail dès que la communauté s'active à préparer les confirmands. L'expérience ayant montré qu'il n'y a pas une seule manière adéquate de préparer à la Confirmation, il est important que les jeunes, tout comme les responsables pastoraux, se laissent guider dans cette tâche par l'Esprit de Dieu et y travaillent avec imagination et créativité. De cette façon, le sacrement de la Confirmation laissera des traces chez eux. Il les touchera et les rendra capables de vivre autrement, de façon plus adulte et plus mûre, plus courageuse, créative et responsable, leur fera prendre conscience qu'ils ont une mission personnelle et les aidera à l'identifier.

Quant aux anciens confirmés, ils tireront grand profit à se souvenir du sacrement reçu et à y réfléchir, continuant ainsi à actualiser la force du Saint-Esprit dans leur vie. En effet, quand on laisse de la place à l'Esprit de Dieu dans son existence, on constate sa fécondité, sa présence en tant que guide de notre vie et gage d'une authentique liberté. Celle-ci est le signe auquel on le reconnaît ; c'est justement cette liberté qui, aujourd'hui, nous fait cruellement défaut parce que nous sommes sous le joug des dépendances les plus diverses. La Confirmation nous rappellera toujours cette phrase de saint Paul : *Or, le Seigneur est l'Esprit ; et où est l'Esprit du Seigneur, là est la liberté* (2 Co 3, 17).

TABLE DES MATIÈRES

IV. VIVRE DE SA CONFIRMATION

Impression et finition Saint-Paul Imprimeur, 55000 Bar le Duc
Dépôt initial : février 2003
Dépôt légal : avril 2004 – N° 04-04-0462